하루 5분, 감정과 친해지는 시간

오늘 내 마음은 이랬어요

소중한 _____의 마음 일기장

오늘 내 마음은
이랬어요

머리말

이 책을 볼 어린이에게

　여러분은 오늘 어떤 감정을 느꼈나요? 어떤 마음도, 감정도 느끼지 않았다고요? 사람은 늘 어떠한 감정 상태에 있다고 해요. 감정을 표현할 말이 떠오르지 않을 뿐 누구나 감정을 느끼고 있는 거죠. 이 책에는 어린이들이 가장 자주 접할 마흔여덟 가지의 감정 단어가 있어요. 따뜻하고 포근한 감정부터, 조금 차갑고 슬픈 감정까지요. 각각의 감정 단어는 모두 여러분 마음을 한 번씩 스쳐 갔을 거예요. 감정 단어를 하나하나 읽다 보면, 그때 있었던 일과 느꼈던 감정이 떠오를 거예요. 그 감정을 하나하나 만나 보세요. 그리고 그 감정을 느끼게 한 일을 떠올려 차분히 써 보는 거예요. 그때 느꼈던 감정이 좋았다면 행복한 감정은 더 커지고, 좋지 않았던 감정은 아프기도 하지만 훌훌 털어 낼 수도 있으니까요.

　우리가 감정의 이름을 알아야 그 감정을 느꼈을 때 상황이 또렷이 보이고 다음에 또 그런 감정이 찾아왔을 때 대처할 수 있어요. 또한 세상에 나쁜 감정은 없다는 걸 꼭 기억해요. 감정은 내 의지로 만드는 것이 아니라 그저 솟아나는 것이기 때문에 무척 자연스러운 거예요. 그러니 좋지 않은 감정이 생겼다고, 자신을 탓하거나 남에게 화낼 필요가 없어요. 그냥 그런 감정이 생겼다는 것을 잘 받아들여야 나 자신을 더 이해하고 사랑할 수 있어요.

　마흔여덟 가지 감정을 만나, 여러분의 마음과 경험을 차근차근 써 나가면서 자신의 마음을 보살피는 지혜롭고 멋진 어린이가 되길 응원할게요.

오현선 선생님

차례

1장 내 마음 노랑 10쪽

2장 내 마음 빨강 36쪽

3장 내 마음 초록 62쪽

4장 내 마음 파랑 88쪽

♥ 맨 마지막 장에 스티커가 들어 있어요.

무드미터가 뭐예요?

우리 마음속에는 아주 많은 감정이 살고 있어요. 기분이 좋을 때도 있고, 나쁠 때도 있지요. 화가 날 때도, 신날 때도 있어요. 물론 아무 생각 없이 멍한 날도 있죠. 이런 감정은 모두 소중하고 꼭 필요해요. 그런데 이런 감정이 많아서 어떤 기분인지 잘 모를 때가 있어요. 이럴 때는 색깔을 사용해요. 감정을 네 가지 색으로 표현하는 거예요. 이걸 바로 '무드미터'라고 해요.

빨간색은 화나거나 짜증날 때처럼 기분이 나쁘고 에너지가 많은 감정이에요.

노란색은 신나거나 자신 있을 때처럼 기분도 좋고 에너지가 꽉 찬 상태예요.

파란색은 우울하거나 속상할 때처럼 기분이 나쁘고 에너지가 낮은 감정이에요.

초록색은 평화롭고 편안할 때처럼 에너지가 높지도 낮지도 않은 상태예요.

이렇게 내가 오늘 어떤 색깔의 감정을 느꼈는지 생각해 보고 적어 보세요. 감정 단어와 함께 내 마음을 살펴보는 거예요. 감정을 알아차리고 표현하는 힘이 자라면 나를 더 잘 돌볼 수 있어요.

이렇게 활용해요!

무드미터 색깔과 함께
감정 표현 단어를 알아봐요.

해당 감정의
표정을 그려요.

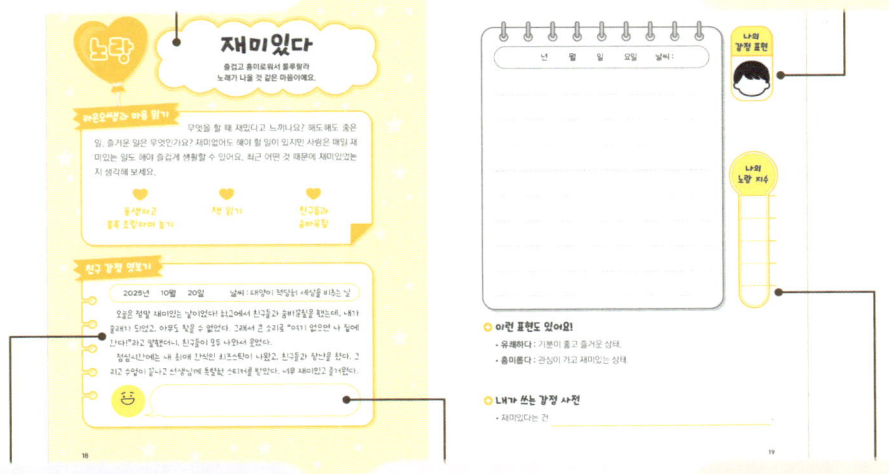

다른 친구들은 감정을
어떻게 표현하는지 알아봐요.

부모님께서
코멘트를 써 주세요.

감정의 크기만큼
색칠해요.

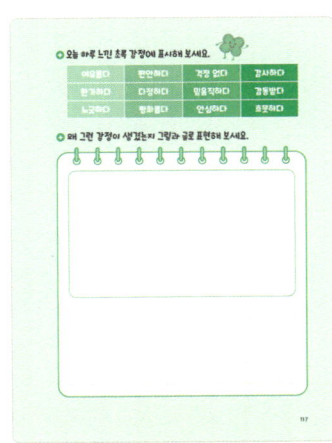

해당 감정을 어떻게 느꼈는지
글이나 그림으로 표현해요.

글 대신 감정을 표현할 때, 편지 쓸 때,
노트 꾸밀 때 등 스티커를 자유롭게 활용해요.

어린이를 위한 무드미터

분노하다 44쪽	화나다 42쪽	초조하다 40쪽	충격받다 38쪽
불안하다 52쪽	스트레스 받다 50쪽	좌절하다 48쪽	안절부절 못하다 46쪽
불쾌하다 60쪽	골치가 아프다 58쪽	걱정하다 56쪽	마음이 불편하다 54쪽
우울하다 96쪽	찝찝하다 94쪽	실망스럽다 92쪽	지루하다 90쪽
싫증나다 104쪽	슬프다 102쪽	시무룩하다 100쪽	피곤하다 98쪽
절망하다 112쪽	외롭다 110쪽	속상하다 108쪽	지치다 106쪽

← 활력이 높아요.
← 활력이 낮아요.
← 쾌적함이 낮아요. →

놀라다 12쪽	**기대하다** 14쪽	**신나다** 16쪽	**재미있다** 18쪽
만족스럽다 20쪽	**활발하다** 22쪽	**뿌듯하다** 24쪽	**짜릿하다** 26쪽
기쁘다 28쪽	**설레다** 30쪽	**행복하다** 32쪽	**자신 있다** 34쪽
여유롭다 64쪽	**편안하다** 66쪽	**걱정 없다** 68쪽	**감사하다** 70쪽
한가하다 72쪽	**다정하다** 74쪽	**믿음직하다** 76쪽	**감동받다** 78쪽
느긋하다 80쪽	**평화롭다** 82쪽	**안심하다** 84쪽	**흐뭇하다** 86쪽

← 쾌적함이 높아요. →

1장 내 마음 노랑

신나고 재밌을 때, 자신 있고 행복할 때…….
마음이 들뜨거나 밝아지는 노란색 마음들.
마음이 노랑일 때 내 생각과 상태는 어떤지 알아보아요.

놀라다

생각지 못한 상황에 가슴이 두근거리거나 멋진 것, 신기한 것을 보고 마음이 감동한 거예요.

라온오쌤과 마음 읽기

산책을 하는데 선생님 어깨에 벌레가 앉아서 화들짝 놀란 적이 있어요. 그런가 하면 길을 가다 반가운 사람을 만나 놀라기도 했지요. '놀라다'는 좋지 않은 상황, 반대로 기쁜 상황에서도 쓸 수 있는 표현이랍니다. 우리는 또 언제 놀랄까요?

 친구가 선물을 주었을 때

 길에서 좋아하는 유튜버를 봤을 때

 선생님이 수업 시간에 갑자기 칭찬해 주셨을 때

친구 감정 엿보기

2025년 7월 7일 날씨: 푹푹 찌는 날

오늘 학교에서 정말 놀랐다. 선생님이 갑자기 내가 그린 그림이 너무 멋지다고 칭찬하셨다. 깜짝 놀라서 얼굴이 빨개졌지만, 기분이 정말 좋았다. 앞으로 더 열심히 그림을 그려야겠다고 생각했다. 친구들 앞에서 칭찬받는 일이 이렇게 기쁜 줄 몰랐다.

년   월   일   요일   날씨 :

나의 감정 표현

나의 노랑 지수

🔶 이런 표현도 있어요!
- **경악하다** : 매우 뜻밖의 일이나 충격적인 상황을 보고 크게 놀라서 어리둥절함.
- **당황하다** : 놀라거나 다급해서 어쩔 줄 모름.

🔶 내가 쓰는 감정 사전
- 놀란다는 건

기대하다

어떤 일이 원하는 대로 이루어지기를 바라고 기다리며 두근두근하는 마음이에요.

라온오쌤과 마음 읽기

기대감은 우리를 행복하게 하는 감정 중 하나예요. 무언가 기대하는 마음이 있으면 순간순간 설레니까요. 누군가를 또는 무엇을 기대해 보았나요? 그때 어떤 생각을 했나요? 언제 기대하는 마음이 생기는지 생각해 보아요.

명절 때
받을 용돈

가족과
여행 가는 것

꿈을 이룬
내 미래를 상상

친구 감정 엿보기

2025년   9월   28일   날씨 : 공원에서 놀고 싶은 날

명절이 다가오는 날이라서 정말 기대된다. 특히 할아버지께서 주실 용돈을 생각하면 마음이 설렌다. 할아버지와 명절에 만나면 맛있는 음식도 먹고, 할아버지께서 주시는 용돈도 받을 수 있어서 기분이 좋아진다. 물론 할아버지를 만나는 것이 더 좋다. 이번 용돈은 엄마를 안 주고 싶은데 방법이 없을까?

| 년   월   일   요일   날씨 : |

나의 감정 표현

나의 노랑 지수

◆ 이런 표현도 있어요!

- **설레다** : 마음이 들떠서 기분이 좋고 두근거리는 상태.
- **기다리다** : 어떤 일이나 사람이 오기를 바라는 마음.

◆ 내가 쓰는 감정 사전

- 기대한다는 건 _____.

신나다

어떤 일이 일어나서 기분이 아주 좋고 즐거운 거예요.

라온오쌤과 마음 읽기

나도 모르게 '야호!' 소리가 나오거나 웃음이 나는 순간이 있어요. 우리 생활에 힘을 주는 일이지요. 신나는 일을 떠올려 봐요. 당장 신나는 일이 없다면 여러분이 만들 수도 있답니다. 행복은 스스로 만들어 가는 거니까요!

 엄마가 스마트폰 사 준다고 해서

 생일 선물을 받아서

 친구하고 놀기로 약속해서

친구 감정 엿보기

2025년 10월 18일   날씨 : 산책 나온 강아지가 신나는 날

주말에 친구들하고 놀기로 미리 약속했다. 그래서 3명이 만났다. 아이스크림을 사서 벤치에서 앉아서 먹는데 진짜 달달하고 행복했다. 그리고 점핑방 가서 놀았다. 엄마가 친구들하고 놀라고 용돈도 주었는데 내 마음대로 쓰니까 진짜 좋았다. 하루 종일 신나게 놀고 와서 그런지 숙제도 더 잘됐다.

| 년   월   일   요일   날씨 : |

나의 감정 표현

나의 노랑 지수

◆ 이런 표현도 있어요!

- **들뜨다** : 마음이 가라앉지 않고 조금 흥분된 상태.
- **즐겁다** : 나쁜 마음이 하나도 없이 흐뭇하고 기쁜 상태.

◆ 내가 쓰는 감정 사전

- 신난다는 건 _____ .

재미있다

즐겁고 흥미로워서 룰루랄라
노래가 나올 것 같은 마음이에요.

라온오쌤과 마음 읽기

무엇을 할 때 재밌다고 느끼나요? 해도해도 좋은 일, 즐거운 일은 무엇인가요? 재미없어도 해야 할 일이 있지만 사람은 매일 재미있는 일도 해야 즐겁게 생활할 수 있어요. 최근 어떤 것 때문에 재미있었는지 생각해 보세요.

동생하고
블록 조립하며 놀기

책 읽기

친구들과
숨바꼭질

친구 감정 엿보기

2025년 10월 20일   날씨 : 태양이 적당히 세상을 비추는 날

오늘은 정말 재미있는 날이었다! 학교에서 친구들과 숨바꼭질을 했는데, 내가 술래가 되었고, 아무도 찾을 수 없었다. 그래서 큰 소리로 "여기 없으면 나 집에 간다!"라고 말했더니, 친구들이 모두 나와서 웃었다.

점심시간에는 내 최애 간식인 치즈스틱이 나왔고, 친구들과 장난을 쳤다. 그리고 수업이 끝나고 선생님께 특별한 스티커를 받았다. 너무 재미있고 즐거웠다.

____년 ____월 ____일 ____요일 날씨:

나의 감정 표현

나의 노랑 지수

🔶 이런 표현도 있어요!

- **유쾌하다** : 기분이 좋고 즐거운 상태.
- **흥미롭다** : 관심이 가고 재미있는 상태.

🔶 내가 쓰는 감정 사전

- 재미있다는 건 _____.

만족스럽다

원하는 결과대로 되었거나 그런 상황이 되어서 마음이 행복으로 꽉 찬 것 같은 마음이에요.

라온오쌤과 마음 읽기

무언가로 꽉 차는 마음을 느껴 보았나요? '이 정도면 됐지!' 하는 마음이요. 무언가를 해도 계속 부족하게 느껴진다면 만족하는 연습을 해 보면 어떨까요? 여러분 자신을 사랑하고 아끼면 만족스러운 마음을 자주 느낄지 몰라요. 그럼 날마다 더 행복해질 수 있어요!

 배가 불러서

 마음에 드는 물건을 갖게 돼서

 공부를 열심히 해서

친구 감정 엿보기

2025년 10월 2일 날씨 : 낙엽 냄새가 슬쩍 나는 날

오늘 가족과 강아지 입양하는 데를 갔다. 거기서 여러 강아지를 봤는데 갑자기 치와와가 나에게 왔다. 치와와가 우리 가족을 보며 꼬리를 흔들었다. 가족끼리 얘기한 뒤 그 강아지를 입양했다. 너무 만족스러웠다. 집에 가면서 강아지 집하고 밥도 샀다. 앞으로 잘 지낼 것이다.

년   월   일   요일   날씨 :

나의 감정 표현

나의 노랑 지수

◆ 이런 표현도 있어요!

- **충분하다** : 모자람이 없이 넉넉한 상태.
- **흡족하다** : 모자람이 없을 정도로 넉넉해서 만족스러운 상태.

◆ 내가 쓰는 감정 사전

- 만족스럽다는 건 _____.

활발하다

힘이 넘치고 무언가를 정말 열심히 하고 싶은 마음이나 그런 모습이에요.

라온오쌤과 마음 읽기

태어난 지 얼마 되지 않은 강아지처럼 퐁퐁 뛰어다니고 신나게 움직여 본 일이 있나요? 아마도 좋아하는 일을 할 때나 마음이 즐거울 때겠죠? 날이 좋아서 그럴 수도 있고요. 활발하게 움직여 본 그 순간, 그 일을 떠올려 여러분의 움직임과 마음을 표현해 보세요.

 체육 시간에   여행 가서 구경할 때   점심 먹고 나서

친구 감정 엿보기

2025년 9월 10일   날씨 : 아직도 반팔 입는 가을

오늘 체육 시간은 정말 활발하게 보냈다! 선생님이 줄넘기 대회를 열었는데, 내가 뛰어넘는 속도가 빨라서 1등을 했다. 친구들도 함께 신나게 놀아서 체육 시간이 끝나는게 싫었다. 학교가 끝나고 집에 와서도 동생과 함께 밖에서 뛰어놀았는데, 나중에 너무 지쳐서 소파에 누워 있었다.

년   월   일   요일   날씨 :

나의 감정 표현

나의 노랑 지수

🔶 이런 표현도 있어요!

- **활동적이다** : 몸을 활발하게 움직여 행동하는 상태.
- **생기가 넘치다** : 기운이 넘치고 활기찬 상태.

🔶 내가 쓰는 감정 사전

- 활발하다는 건 _____ .

뿌듯하다

자신이 노력한 것이나 한 일이 정말 자랑스럽고 만족스러운 마음이에요.

라온오쌤과 마음 읽기

혼자 처음으로 먼 곳을 가 보았거나 새로운 일을 하면 스스로 잘했다고 칭찬하고 싶은 마음이 들어요. 왠지 모르게 가슴이 꽉 찬 느낌이 들기도 하죠. 다른 사람이 무언가 잘 해내는 모습을 볼 때 그럴 수 있고요. 어떤 일이 잘 되지 않는다면 뿌듯했던 순간을 떠올려 보세요. 사람은 기억으로 다시 자신감을 얻을 때도 있으니까요.

 어려운 문제를 풀어서

 어떤 일을 성공해서

 일기를 꾸준히 써서

친구 감정 엿보기

2025년 9월 17일   날씨 : 따스한 공기가 온몸을 감싼 날

학교에서 수학 문제를 풀었는데 지난 번에 틀렸던 문제를 이번에는 맞혔다. 선생님이 "잘했다!"라고 칭찬해 주셔서 마음이 뿌듯했다. 방과 후에는 집에서 내가 만든 과학 실험이 잘 되어서 더욱 기뻤다. 실험 결과가 생각한 대로 나와서 너무 뿌듯했다. 오늘은 정말 내 자신에게 자랑스러운 날이었다!

년   월   일   요일   날씨 :

나의 감정 표현

나의 노랑 지수

◆ 이런 표현도 있어요!

- **자랑스럽다** : 자신의 성과나 업적에 대해 기쁜 마음을 갖는 상태.
- **우쭐하다** : 자신감이 넘쳐서 뽐내다.

◆ 내가 쓰는 감정 사전

- 뿌듯하다는 건

짜릿하다

탄산음료를 마신 듯 시원하고
펄쩍 뛰고 싶은 듯한 마음이에요.

라온오쌤과 마음 읽기

차가운 사이다를 콱 들이켠 것처럼, "야호!" 라는 말이 나도 모르게 나오는 속 시원한 순간, 가슴 뛰는 순간을 떠올려 보세요. 세상을 다 얻은 듯 행복했던 순간 말이에요. 평온한 일상 속 종종 마주하는 짜릿한 순간이 기억에 남는 하루를 만들어 줄 거예요.

 축구 경기를 이겨서

 문제를 다 맞혀서

 놀이기구 탈 때

친구 감정 엿보기

2025년 9월 29일   날씨 : 낮에는 덥고 밤에는 시원한 날

오늘은 정말 짜릿한 날이었다! 우리 반은 여러 지도자를 뽑는다. 청소 지도자, 독서 지도자, 욕 금지 지도자 같은 것이다. 나는 '숙제 검사 지도자'가 되고 싶었다. 그래서 손을 들었다. 근데 다른 친구도 하고 싶다고 했다. 결국 가위바위보를 했다. 눈을 뜬 순간! 내가 이겼다는 사실을 알아 정말 짜릿했다.

　　　　　　년　　　월　　　일　　요일　　날씨 :

나의 감정 표현

나의 노랑 지수

🔸 이런 표현도 있어요!

- **통쾌하다** : 아주 즐겁고 시원하여 기분 좋은 상태.
- **흥분하다** : 감정이 북받쳐 일어난 상태.

🔸 내가 쓰는 감정 사전

- 짜릿하다는 건

기쁘다

좋은 일이 생겨서 행복으로 마음이 가득 찬 거예요.

라온오쌤과 마음 읽기

기쁨을 느낄 일이 있다는 건, 내 마음과 생활을 귀하게 여긴다는 거예요. 사소한 일에도 기분이 좋고 감사하게 여기는 마음, 내 마음에 행복 회로를 돌리는 일 등 기뻤던 일을 생각해 보세요.

 게임에서 이겼을 때

 좋아하는 친구가 놀자고 해서

 숨겨둔 간식을 발견해서

친구 감정 엿보기

2025년 12월 1일　　　　　날씨 : 첫눈이 내려서 기쁜 날

오늘은 정말 기쁜 소식이 있었다! 내가 좋아하는 만화책이 도서관에 들어와서 대출할 수 있게 되었다. 방과 후 도서관에 가서 바로 책을 빌렸다. 집에 와서 읽으면서 행복했다. 점심시간에 친구들과 함께 게임도 했는데 이겨서 더 재미있었다. 오늘 하루는 기쁜 일로 가득 차 있었다!

　　　　　　년　　월　　일　　요일　　날씨 :

나의 감정 표현

나의 노랑 지수

🔶 이런 표현도 있어요!

- 좋다 : 마음이 기쁘고 만족스러운 상태.
- 환희에 차다 : 큰 기쁨으로 가득 찬 상태.

🔶 내가 쓰는 감정 사전

- 기쁘다는 건

설레다

어떤 일이 일어나기를 기대하면서 두근거리는 마음이에요.

라온오쌤과 마음 읽기

봄이 오길 기다리는 마음, 어린이날이나 생일을 기다리는 마음 모두 설레는 마음이에요. 무언가를 기다린다는 설렘은 우리에게 생기를 준답니다. 여러분은 무엇에 마음이 설레나요? 없다면 스스로 만들어 보아도 좋아요!

 저녁에 외식 한다고 해서

 새 학년 되는 날

 여행 가기 전날 밤

친구 감정 엿보기

2025년 8월 18일   날씨 : 숨 쉬기 힘들어 헉헉거린 날

이모네랑 부산 여행을 가기로 했다. 나는 ktx를 한 번도 안 타봐서 너무 설레었다. 게다가 거기 가면 바다가 멋지다고 해서 또 설레었다. 엄마는 짐을 싸느라 바쁘고 나는 시간이 빨리 가면 좋겠다고 생각했다. 가장 기대되는 바다! 빨리 가고 싶다.

년   월   일   요일   날씨 :

나의 감정 표현

나의 노랑 지수

◆ 이런 표현도 있어요!

- **두근거리다** : 기대하는 마음 때문에 긴장되고 떨리는 상태.
- **희망차다** : 앞으로 다가올 일에 대한 기대가 가득한 상태.

◆ 내가 쓰는 감정 사전

- 설렌다는 건 _____ .

행복하다

햇살 속 병아리처럼 기분이 좋고 만족스러운 마음이에요.

라온오쌤과 마음 읽기

행복을 바라지 않는 사람은 아마 없겠지요? 그런데 행복은 멀리 있지 않아요. 나를 둘러싼 것에 감사한 마음을 가지다 보면 날마다 찾을 수 있는 게 행복이에요. 행복한 일을 떠올려 보세요. 생각하는 것만으로도 행복해져요.

엄마가
안아 주어서

강아지와
산책해서

비 오는 날
빗방울 떨어지는
소리가 좋아서

친구 감정 엿보기

2025년 9월 22일   날씨 : 가을비가 조록조록

학교에서 도장을 만들었다. 도장 만들기 본을 뜨고 있는데 친구들이 잘했다고 말했다. 행복하고 뿌듯했다. 그리고 도장도 완벽하게 완성이 되었다. 찍어 보니까 내가 그린 대로 잘 나왔다. 엄마에게 보여 드렸더니 기특하다고 안아 주셨다. 행복한 시간이었다.

　　　　년　　월　　일　　요일　　날씨 :

나의 감정 표현

나의 노랑 지수

🔶 이런 표현도 있어요!

- **더할 나위 없다** : 무언가 더 해야 할 필요 없이 만족스러운 상태.
- **복되다** : 복을 받아 기쁘고 즐거운 상태.

🔶 내가 쓰는 감정 사전

- 행복하다는 건

자신 있다

어떤 일을 잘할 수 있다고 믿는 마음이에요.

라온오쌤과 마음 읽기

나는 할 수 있다고 믿는 마음이 자신감이에요. 어떤 일이든 열심히 하다 보면 자신이 생겨요. 그래야 새로운 일에 도전할 수 있고, 한 뼘 더 자랄 수 있답니다. 여러분은 무엇에 자신이 있나요? 그 일에 왜 자신이 있는지, 그래서 어떻게 했는지 써 볼까요?

 아는 문제가 나와서

 글쓰기를 할 때

 잘할 수 있다고 응원을 받아서

친구 감정 엿보기

2025년 9월 30일   날씨 : 낙엽 냄새가 짙은 날

생존 수영을 배우러 수영장으로 갔다. 선생님 말씀을 집중해서 잘 들었다. 수영하는 것에 자신감이 생겼다. 지난 번은 긴장되어서 잘 못했는데 두 번째라 그런지 자신 있었다. 이제 수영을 잘할 것 같다.

　　　　　년　　월　　일　　요일　　날씨 :

나의 감정 표현

나의 노랑 지수

🔶 이런 표현도 있어요!

- **확신하다** : 굳게 믿는 상태.
- **믿음직하다** : 매우 믿을 만큼 자신감이 있는 상태.

🔶 내가 쓰는 감정 사전

- 자신 있다는 건 　　　　　　　　　　　　　　　　　　　　　　　　.

2장 내 마음 빨강

초조하거나 걱정될 때, 화나거나 분노할 때…….
마음속에 불꽃이 튀는 것처럼 뜨거운 빨간색 마음들.
마음이 빨강일 때 내 생각과 상태는 어떤지 알아보아요.

빨강

충격받다
매우 놀라 머리를 한 대 맞은 듯한 기분이에요.

라온오쌤과 마음 읽기

"세상에!"라는 말도 나오지 않는 상황, 나도 모르게 몸이 얼어 버렸던 경험이 있나요? 그런 일을 겪었을 때 충격받았다고 해요. 그런데, 꼭 나쁜 일을 겪었을 때만 표현하는 말은 아니에요. 생각지 못한 일이 생겨도 충격받을 수 있으니, 다양한 상황을 떠올려 보세요.

책을 읽고 몰랐던 사실을 알게 되어서

나 빼고 가족이 맛있는 것 먹었을 때

친구가 배신했을 때

친구 감정 엿보기

2025년 12월 22일 날씨 : 눈이 세상을 하얀 바다로 만든 날

오늘 기후에 관한 책을 읽었다. 여름마다 더워지는 까닭이 그냥 여름이라서 그런 줄 알았는데, 알고 보니 탄소 배출 때문이라는 사실을 알고 엄청 놀랐다. 게다가 지난 10년간 우리나라에서 기상재해로 1,500명 이상이 사망했다는 사실에 더 충격받았다. 지구가 더 더워지는 걸 막기 위해 종이도 아껴 쓰고, 부모님께도 대중교통을 많이 이용하자고 해야겠다.

| 년   월   일   요일   날씨 : |

나의 감정 표현

나의 빨강 지수

🔸 이런 표현도 있어요!

- **경악하다** : 소스라치게 깜짝 놀란 상태.
- **얼떨떨하다** : 생각지도 못한 일로 당황해서 정신이 매우 얼얼한 상태.

🔸 내가 쓰는 감정 사전

- 충격받는다는 건 _____.

초조하다

어떤 일이나 상황 때문에 마음이 불안하고 기다리거나 참기 힘든 거예요.

라온오쌤과 마음 읽기

어떤 결과를 기다리거나 기대하는 일이 있어 마음이 불안할 때가 있죠? 그럴 땐 숨을 크게 한번 쉬어 보세요. 무언가를 하려고 하기보다는 잠시 숨을 고르는 것도 괜찮아요. 시간이 자연스럽게 해결해 주는 일도 있으니까요.

 숙제할 시간이 모자라서

 피아노 대회 결과 발표를 기다릴 때

 거짓말이 들킬까 봐

친구 감정 엿보기

2025년 11월 15일   날씨 : 붕어빵 먹고 싶은 날

가족이 모두 여행을 갔다. 할머니도 오셨다. 그런데 할머니가 갑자기 넘어져서 다리를 다치셨다. 밤이라서 병원에 가기 힘들어 너무 초조했다. 다행히 어른들이 할머니를 모시고 응급실에 가서 치료를 받았다. 할머니가 늘 건강하게 아프지 않고 우리 곁에 계시면 좋겠다.

년   월   일   요일   날씨 :

나의 감정 표현

나의 빨강 지수

◆ 이런 표현도 있어요!

- **긴장하다** : 마음을 졸이고 정신을 바짝 차린 상태.
- **조마조마하다** : 앞으로 어떤 일이 생길지 몰라 걱정돼서 불안한 상태.

◆ 내가 쓰는 감정 사전

- 초조하다는 건 _____ .

빨강

화나다

불쾌하거나 짜증이 나서 마음속에 불이 난 듯 확 달아오른 거예요.

라온오쌤과 마음 읽기

나도 모르게 화가 날 때가 있어요. 얼굴은 발개지고, 머릿속에서는 불이 나는 것 같아요. 왠지 이 세상도 빨간 화산처럼 보일지도 몰라요. 화가 날 땐 억지로 감추려고 하면 안 돼요. 남에게 피해 주지 않는 선에서 화를 잘 풀어내는 것이 나를 지키는 길이에요.

친구가 나에게 나쁜 말을 했을 때

숙제 다 했는데 공부를 더하라고 할 때

내 동생이 까불 때

친구 감정 엿보기

2025년 12월 9일 날씨 : 가만 있어도 몸이 오들들 떨리는

내가 좋아하는 게임 이야기를 하고 있었는데, 친구가 "너는 못하잖아!"라고 큰 소리로 말했다. 그 말을 듣고 매우 화가 났지만 꾹 참고 친구에게 "왜 그런 말을 했어?"라고 물어봤다. 그런데 대답도 하지 않고 웃으면서 넘어갔다. 기분이 좋지 않았다. 집에 와서 엄마에게 이야기하니, 엄마는 친구와 어떻게 대화할지 생각해 보라고 하셨다. 아직도 화나지만 내일 잘 얘기해 봐야겠다.

년   월   일   요일   날씨 :

나의 감정 표현

나의 빨강 지수

◆ 이런 표현도 있어요!

- **열받다** : 몸이 뜨거워질 정도로 화가 난 상태.
- **짜증나다** : 마음에 꼭 맞지 않아 발칵 화나는 불편한 상태.

◆ 내가 쓰는 감정 사전

- 화난다는 건

빨강

분노하다
화가 너무 많이 나는 마음이에요.

라온오쌤과 마음 읽기

살다 보면 가슴속에서 화산이 폭발하는 것 같은 순간을 맞이할 수 있어요. 다른 사람으로 인해 그럴 수도 있고, 나 자신 때문에 그럴 수도 있죠. 마음을 가만히 잘 들여다보면 왜 화가 나는지 알 수 있답니다. 글을 쓰며 마음을 살펴보세요.

동생이 내 물건을 망가뜨려서

나를 너무 예의 없이 대해서

텔레비전에서 범죄 사건을 보고

친구 감정 엿보기

2025년 12월 5일   날씨 : 바람이 옷 속으로 파고든다

바로 오늘 있었던 일! 오늘은 내 생일이다. 그런데 친구가 내 생일을 까먹고 있었다. 나는 친구 생일에 선물도 했는데 말이다. 게다가 오늘 학교 여자아이들이 나를 더 분노하게 만들었다. 다 떠들었는데 나한테만 뭐라고 한 것이다. 마음이 너무 힘든 날이었다.

　　　　　년　　월　　일　　요일　　날씨 :

나의 감정 표현

나의 빨강 지수

◆ 이런 표현도 있어요!

- **울분을 터뜨리다** : 참아 왔던 답답하고 분한 마음을 한꺼번에 쏟아 내는 것.
- **격분하다** : 너무 화나고 분한 마음이 북받쳐 오른 상태.

◆ 내가 쓰는 감정 사전

- 분노한다는 건

안절부절못하다

**마음이 초조하고 걱정되는
가만히 있지 못하고 계속 움직이는 거예요.**

라온오쌤과 마음 읽기

몸과 마음을 어떻게 해야 할지 모르는 상황이 있어요. 안절부절못하는 상황 말이에요. 가만 있으면 더 불안해질 수 있으니 차라리 여기저기 움직여 보세요. 다른 것에 관심을 가지려고 노력하는 거예요. 불안한 시간도 결국 지나가게 되어 있어요.

♥ 엄마가 세뱃돈을 가져갈 것 같을 때

♥ 오랜 시간 차를 탈 때

♥ 배 아픈데 주변에 화장실이 없을 때

친구 감정 엿보기

2025년 3월 21일   날씨 : 봄향기가 조금씩 느껴지는 날

가족과 함께 여행을 가는 길이었는데, 차 안에서 너무 안절부절못했다. 자주 시계를 보고 "언제 도착해?"라고 계속 물어봤다. 게다가 차가 막혀서 도착이 더 늦어졌고, 점점 더 초조해졌다. 부모님은 "조금만 더 참아!"라고 하셨지만, 나는 너무 기다려서 지루하고 불안했다. 드디어 목적지에 도착하자 새장에서 풀려난 새처럼 날아갈 것 같았다.

       년   월   일   요일   날씨 :

나의 감정 표현

나의 빨강 지수

◆ 이런 표현도 있어요!

- **가슴을 졸이다** : 걱정이나 불안 때문에 마음이 매우 긴장한 상태.
- **허둥지둥하다** : 정신을 차릴 수 없을 만큼 갈팡질팡 서두르는 상태.

◆ 내가 쓰는 감정 사전

- 안절부절못한다는 건

좌절하다

어떤 일이 잘되지 않거나 원하는 결과를 얻지 못해 매우 실망한 거예요.

라온오쌤과 마음 읽기

정말 열심히 그린 그림에 누가 물을 쏟았다면 기분이 어떨까요? 똑같이 다시 그릴 수 없다고 생각되어 좌절할지 몰라요. 그런데 좌절한다는 건 지난 시간을 돌아보고 다시 마음을 세울 수 있는 기회가 되기도 해요. 좌절했다면 잠시 쉬었다가 다음 기회를 보기로 해요.

 줄넘기 7급에서 떨어졌을 때

 처음 쿠키를 만들었는데 모양이 엉망일 때

 방 청소했는데 엄마가 방 치우라고 할 때

친구 감정 엿보기

2025년 11월 15일 날씨 : 따뜻한 이불 속에서 나오기 싫은

엄마와 함께 쿠키를 만들었는데, 완전히 망쳤다. 오븐에서 구운 쿠키가 모양이 엉망이 되어서 속상했다. 처음에는 좌절했지만, 엄마가 "이 쿠키를 더 특별한 쿠키로 만들자!"고 하셨다. 우리는 이상하게 생긴 쿠키 위에 생크림과 과자, 사탕을 올려 예쁘게 꾸몄다. 그제서야 좋아졌고 친구들에게 보여 주면 웃을 것 같다.

　　　　　년　　　월　　　일　　요일　　날씨 :

나의 감정 표현

나의 빨강 지수

🔶 이런 표현도 있어요!

- **실망하다** : 바라던 결과가 나오지 않아 마음이 상한 상태.
- **낙담하다** : 바라던 대로 되지 않아 마음이 슬퍼지는 상태.

🔶 내가 쓰는 감정 사전

- 좌절한다는 건

빨강

스트레스받다
화가 많이 나서 몸이나 마음이 힘든 거예요.

라온오쌤과 마음 읽기

해야 할 일이 끝임없이 이어질 때, 친구나 부모님, 또는 학교에서 좋지 않은 일이 생기면 몸과 마음이 너무 힘들어서 스트레스를 받아요. 아무것도 하기 싫어지고 우울하기도 하죠. 그럴 땐 마음을 종이에 고백해 보세요.

친구가 나를 무시할 때   **시험이나 시합을 앞두고 있을 때**   **다른 사람과 의견이 잘 맞지 않을 때**

친구 감정 엿보기

2025년 12월 2일   날씨 : 발가락까지 패딩 입고 싶은 날

학교에서 단원 평가 결과를 받았다. 그런데 점수가 75점! 엄마가 이 점수를 보고 나서 잔소리할 생각하니 벌써 스트레스받는다. 집에 가면 놀고 싶은데 학원이 두 개나 있어서 그 생각을 하니 또 스트레스받는다. 아, 내일 학교까지? 왜 날마다 해야 하는 일이 이렇게 많은 건지 모르겠다.

년   월   일   요일   날씨 :

나의 감정 표현

나의 빨강 지수

◆ 이런 표현도 있어요!
- **압박감에 시달리다** : 할 일이 많거나 부담이 되어서 내리눌리는 느낌.
- **부담스럽다** : 어떤 일을 감당해야 할 듯한 버거운 느낌.

◆ 내가 쓰는 감정 사전
- 스트레스받는다는 건

 **빨강**

불안하다
일이 어떻게 될지 몰라 걱정스럽고 마음이 불편한 거예요.

라온오쌤과 마음 읽기

해야 할 일이 손에 잡히지 않고, 마음이 붕 떠 있는 느낌이 들 때가 있어요. 선생님은 약속이 있어서 멀리 가야 하는데 차가 막혀서 도무지 움직이지 않을 때 정말 불안해요. 그럴 땐 일이 잘되는 상황을 상상해요. 불안했던 상황을 떠올려 글로 쓰며 마음을 도닥여 주세요.

 무언가를 잊어버렸을 때

 생각대로 되지 않을 것 같을 때

 부모님이 싸우실 때

친구 감정 엿보기

2025년 12월 5일   날씨 : 바람이 얼굴을 때리며 지나간 날

오늘 엄마와 아빠가 크게 싸웠다. 나는 방 안에서 조용히 있었는데, 부모님이 큰소리로 다투는 걸 보니 마음이 불안했다. 무슨 일이 일어날지 걱정이 되었고, 내일이 어떻게 될지 몰라서 두려웠다. 강아지도 놀랐는지 낑낑댔다. 나와 형은 싸우는 소리가 듣기 싫어서 도서관으로 갔다.

　　　　　　년　　월　　일　　요일　　날씨 :

나의 감정 표현

나의 빨강 지수

🔶 이런 표현도 있어요!

- **두렵다** : 어떤 대상을 무서워해서 마음이 불안한 상태.
- **속을 태우다** : 몹시 걱정되어 마음을 졸이는 상태.

🔶 내가 쓰는 감정 사전

- 불안하다는 건 _____ .

마음이 불편하다

어떤 일이 일어나거나 상황이 마음에 들지 않아서 마음이 편하지 않은 거예요.

라온오쌤과 마음 읽기

내가 원하지 않은 일이 생기거나, 생각지도 못한 안 좋은 일이 생기면 마음이 불편해져요. 여러분은 언제 마음이 불편한가요? 불편한 마음이 생기면 계속 힘들지도 몰라요. 그럴 때는 불편하게 만든 원인을 자세히 들여다보고, 그 상황을 글로 써 보세요. 어쩌면 뜻밖의 답을 찾을지도 몰라요.

엄마와 싸워서

친구가 갑자기 토라져서

숙제를 밀려서

친구 감정 엿보기

2025년 12월 22일   날씨 : 따스한 햇살이 고맙게 느껴진 날

친구하고 카톡을 하고 있었다. 그런데 갑자기 친구가 나더러 다른 사람 말을 따라 하지 말라고 했다. 나는 내가 무엇을 따라 했는지 몰라서 "내가 뭘?"이라고 했다. 몇 시간 뒤 친구가 나더러 "차단할게." 하더니 진짜 차단했다. 나도 어쩔 수 없이 차단했지만 이유를 몰라서 마음이 불편했다.

년   월   일   요일   날씨 :

나의 감정 표현

나의 빨강 지수

◆ 이런 표현도 있어요!

- **기분이 상하다** : 슬픔, 걱정, 화남 등 마음이 좋지 않고 불쾌한 상태.
- **어색하다** : 상황이 불편하거나 자연스럽지 않아서 기분이 좋지 않은 상태.

◆ 내가 쓰는 감정 사전

- 마음이 불편하다는 건

걱정하다

어떤 일이 잘 될지 걱정하거나 불안해하는 거예요.

라온오쌤과 마음 읽기

아무리 나이가 어려도 걱정거리는 생기기 마련이에요. 새 학년이 되어 반이 바뀔 때 친구 사귀기 힘들까 봐 걱정한 적 있나요? 그밖에 이런저런 걱정이 생길 때가 있을 거예요. 하지만 우리가 걱정하는 일은 대부분 일어나지 않는다고 해요. 그럴 땐 너무 불안해하지 말고, 그 생각을 끊어 주는 다른 활동을 해 보세요.

 생일에 친구들이 오지 않을까 봐

 엄마가 많이 아플까 봐

 시험 못 볼까 봐

친구 감정 엿보기

2026년 3월 13일   날씨: 치마는 아직 추운 날

엄마가 장염에 걸려서 계속 누워 계셨다. 화장실도 왔다갔다 하셨다. 아무것도 먹지 못해서 힘이 없어 보였다. 학교에 가면서 엄마가 걱정됐다. 수업 시간에 계속 엄마 생각이 났다. 엄마가 아플 때마다 불안하고 걱정된다. 엄마가 얼른 힘내서 나랑 다시 놀면 좋겠다. 그리고 이젠 말을 잘 들어야지!

| 년　　월　　일　　요일　　날씨 : |

나의 감정 표현

나의 빨강 지수

✪ 이런 표현도 있어요!

- **고민하다** : 어찌할 줄 몰라 괴로워서 애를 태우는 상태.
- **염려하다** : 앞일에 대해 여러 가지로 마음을 써서 걱정함.

✪ 내가 쓰는 감정 사전

- 걱정한다는 건 _____ .

 **빨강**

골치가 아프다

어떤 문제나 상황이 너무 복잡하거나 어려워서 머리가 지끈지끈 아픈 거예요.

라온오쌤과 마음 읽기

어른들이 '아이고, 머리야.'라고 말하는 것을 본 적이 있나요? 우리 어린이들도 그런 상황이 있겠지요? 무언가 해결되지 않을 것 같은 상황 말이에요. 골치가 아팠던 상황을 떠올려 보세요. 그리고 잘 해결되었다면 '골치 아픈 일도 언젠가는 끝나는구나!' 생각하며 훌훌 털어 보면 어떨까요?

 어려운 수학 문제를 풀 때

 친구와 의견이 맞지 않아서

 동생이 말썽부려서

친구 감정 엿보기

2026년 3월 18일   날씨 : 황사 바람과 같이 걸은 날

오늘 수학 학원에서 어려운 문제가 나왔다. 계산식은 잘하는데 글로 된 수학 문제는 너무 어려워서 골치가 아프다. 열심히 풀긴 했는데 글로 된 수학 문제는 네 개나 틀렸다. 엄마에게 시험지를 보여 줄 생각하니 골치가 아팠다. 어떡하지?

　　　　　　년　　월　　일　　요일　　날씨 :

나의 감정 표현

나의 빨강 지수

◆ 이런 표현도 있어요!

- **혼란스럽다** : 어떤 일이 복잡하거나 잘 이해되지 않아서 머리가 어지러운 상태.
- **어지럽다** : 어떤 문제나 상황으로 인해 머리가 복잡하거나 불편한 상태.

◆ 내가 쓰는 감정 사전

- 골치가 아프다는 건 _____.

불쾌하다

어떤 상황이나 일이 마음에 들지 않아 기분이 좋지 않은 거예요.

라온오쌤과 마음 읽기

때로는 주변에서 일어나는 일이 마음에 들지 않거나, 불쾌한 상황에 처할 때가 있어요. 친구가 머리를 툭툭 치면 나를 무시한다는 생각이 들기도 해요. 그럴 때는 정말 마음에 들지 않고 기분이 좋지 않죠. 불쾌한 상황이 생기면 왜 불쾌해졌는지 생각해 보고 상대방에게도 내 감정을 이야기해요. 그래야 잘 해결할 수 있어요.

 누군가 나를 무시해서

 어디선가 나는 이상한 냄새 때문에

 친구가 툭툭 쳐서

친구 감정 엿보기

2026년 10월 2일   날씨: 코 끝이 시원한 날

학교에서 친구가 내 어깨를 자꾸 툭툭 치고, 팔을 잡아서 너무 싫었다. 나는 "그만 만져!"라고 했지만, 친구는 계속 만졌다. 그래서 선생님께 이야기했더니, 선생님이 친구에게 조용히 얘기해 주셨다. 그 뒤로 친구가 내 몸을 만지지 않아서 기분이 좋아졌다. 앞으로도 내가 불쾌한 일이 생기면 용기 내서 말해야겠다.

년   월   일   요일   날씨 :

나의 감정 표현

나의 빨강 지수

🔶 이런 표현도 있어요!

- **기분 나쁘다 :** 어떤 일이나 상황 때문에 기분이 좋지 않은 상태.
- **싫다 :** 마음에 들지 않아 기분이 좋지 않은 상태.

🔶 내가 쓰는 감정 사전

- 불쾌하다는 건 _____ .

3장 내 마음 초록

푸릇푸릇 너른 동산을 보면 마음이 편안하지요?
걱정 없고 여유롭고, 평화로운 초록색 마음들.
마음이 초록일 때 내 생각과 상태는 어떤지 알아보아요.

초록

여유롭다

시간이 넉넉해서 구름 타고 둥둥 떠다니듯 편안한 마음이에요.

라온오쌤과 마음 읽기

시간이 많아서 느긋하거나, 용돈을 넉넉하게 받았을 때 마음이 편안해지죠? 가끔 멍 때리는 시간도요. 누구나 이렇게 여유로운 시간을 원해요. 학교 가랴, 학원 가랴, 숙제하랴 바쁠 때는 잠시 짬을 내서 여유로운 시간을 가져야 해요. 그래야 또 힘을 내서 앞으로 나아갈 수 있어요.

 숙제 다하고 책 읽을 때

 주말에 게임할 때

 주말에 쉬고 있을 때

친구 감정 엿보기

2026년 5월 2일   날씨 : 봄과 여름 사이

　오늘은 가족과 함께 공원에서 돗자리 펴고 놀았다. 엄마, 아빠와 웃으며 맛있는 음식을 먹으니 마음이 정말 평화로웠다. 패드로 영화도 봤다. 아빠가 바빠서 자주 못 오지만, 새소리도 듣고, 나무 그늘 아래에서 여유롭게 책도 읽었다. 이런 날이 자주 있었으면 좋겠다.

년   월   일   요일   날씨 :

나의 감정 표현

나의 초록 지수

◆ 이런 표현도 있어요!
- **넉넉하다** : 마음이 넓고 여유 있는 상태.
- **자유롭다** : 몸이나 마음이 어디에 갇혀 있지 않고 마음대로 할 수 있는 상태.

◆ 내가 쓰는 감정 사전
- 여유롭다는 건 _____.

초록

편안하다
걱정도 스트레스도 없이 마음이 평화로운 거예요.

라온오쌤과 마음 읽기

사람은 누구나 편안한 상황을 좋아해요. 불편하다는 마음과 상황 자체가 힘들거든요. 마음에 살랑살랑 바람이 불듯, 나비가 꽃들 사이를 자유롭게 날아다니듯, 편안한 상황을 떠올려 보세요. 그리고 그런 시간을 꼭 자주 갖기를 바라요.

 깨끗이 씻고 자려고 누웠을 때

 주말에 침대에 누워 있을 때

 푹신한 소파에 앉아 책 읽을 때

친구 감정 엿보기

2026년 5월 17일   날씨 : 높은 하늘에 해가 떠 있는 날

우리 가족은 한 달에 두 번 할머니 댁에 간다. 엄마 아빠는 나를 할머니 댁에 두고 볼일을 보거나 친구를 만나러 간다. 나는 할머니가 주시는 간식을 먹으며 하루 종일 소파에 누워 있거나 게임을 한다. 할머니네 있으면 몸도 마음도 편안하다. 정말 최고다. 할머니 댁에 가는 날만 기다린다.

          년   월   일   요일   날씨 :

나의 감정 표현

나의 초록 지수

◆ 이런 표현도 있어요!

- **안락하다** : 몸과 마음이 편안하고 아늑한 상태.
- **따뜻하다** : 마음이나 태도, 분위기가 정답고 포근한 상태.

◆ 내가 쓰는 감정 사전

- 편안하다는 건 _____ .

초록

걱정 없다
아무런 문제가 없어서 매우 편안한 마음이에요.

라온오쌤과 마음 읽기

걱정하고 있는 것들을 하나씩 떠올려 봐요. 무엇 때문에 걱정하는지, 그 일이 진짜 벌어지면 어떻게 될지 차근차근 글로 써 봐요. 막상 쓰다 보면 별일 아닐 수도 있어요. 걱정하는 마음도 조금씩 가라앉을 거예요!

동생이 퇴원했을 때

숙제 다 했을 때

학원 안 가도 될 때

친구 감정 엿보기

2026년 10월 18일　　　　날씨 : 여행가서 놀고 싶은 날

　내 동생은 말썽쟁이다. 자꾸 나를 괴롭히고, 숙제할 때 말을 건다. 엄마한테 말해도 누나니까 참으라고 한다. 그런데 어제 동생이 놀이터에서 놀다가 다쳐서 병원에 갔다. 나는 너무 놀라고 걱정되고 괜히 미안했다. 엄마와 동생이 왔는데 다행히 조금 긁혔고 다치진 않았다고 했다. 오늘 밤엔 걱정 없이 잘 수 있을 것 같다.

　　　　　　　　년　　월　　일　　요일　　날씨 :

나의 감정 표현

나의 초록 지수

◆ 이런 표현도 있어요!

- **괜찮다** : 문제나 걱정 등 꺼릴 것이 없는 상태.
- **문제없다** : 문제가 될 만한 일이 없는 상태.

◆ 내가 쓰는 감정 사전

- 걱정 없다는 건 _____.

초록

감사하다
고마워하는 마음이에요.

라온오쌤과 마음 읽기

불평불만을 하기 시작하면 내 모든 것이 싫어질 수 있어요. 어떤 사람이든 모든 것이 다 완벽할 수는 없어요. 하지만 작은 것에도 감사한 일을 생각하면 또 한 가득 떠올라요. 오늘 하루 감사했던 일을 떠올려 보세요. 여러분 자신이, 내 삶이 더 소중하고 고맙게 느껴질 거예요.

 내가 이 세상에 있다는 것이

 누나가 라면 한 입 줄 때

 논술 선생님 덕분에 글을 잘 쓰게 돼서

친구 감정 엿보기

2026년 10월 24일   날씨 : 빗소리가 차갑게 느껴지는 날

나는 논술 학원에 다닌다. 우리 엄마는 논술 선생님을 국어 선생님이라고 한다. 지금까지 일곱 달을 다녔는데 글을 잘 쓰게 되었다. 엄마는 국어 실력이 좋아졌다고 했다. 그래서 논술 선생님께 정말 감사하다. 그런데 논술 선생님이 논술은 국어가 아니라고 했다. 알쏭달쏭하다.

년   월   일   요일   날씨 :

나의 감정 표현

나의 초록 지수

🔹 이런 표현도 있어요!

- **고맙다 :** 선물이나 도움을 받아 마음이 흐뭇하고 즐거운 상태.
- **덕분이다 :** 누군가의 도움으로 좋은 결과가 나와 고마운 상태.

🔹 내가 쓰는 감정 사전

- 감사하다는 건 _____.

한가하다

바쁘지 않고 여유가 있는 상태나 마음이에요.

라온오쌤과 마음 읽기

햇볕 든 날 마당에서 꾸벅 조는 병아리처럼 한가로움을 느껴본 적이있나요? 날마다 학원 가랴, 공부하랴 너무 바쁘다고요? 그럼 일주일 가운데 딱 하루라도 한가한 날을 만들어 봐요. 그리고 나서 주변을 둘러보면 세상이 더 아름답게 보일 거예요.

할 일 다하고
가족과 함께 책 볼 때

공원에서
누워 있을 때

주말에
만화책 볼 때

친구 감정 엿보기

2026년 11월 9일   날씨 : 구름이 하늘을 가득 채운 날

주말인데 비가 와서 가족과 대형 쇼핑몰에 갔다. 1층에서 맛있는 점심을 먹었다. 그리고 2층에 있는 만화 카페로 갔다. 2시간 동안 누워서 만화책을 보니 정말 한가롭고 좋았다. 다른 사람들도 다 행복해 보여서 더 좋았다. 매일 이렇게 한가롭다면 얼마나 좋을까?

| 년   월   일   요일   날씨 : |

나의 감정 표현

나의 초록 지수

🔹 이런 표현도 있어요!

- **틈나다** : 다른 일을 할 여유가 생긴 상태.
- **한적하다** : 한가하고 매인 데가 없는 마음 상태.

🔹 내가 쓰는 감정 사전

- 한가하다는 건 _____.

초록

다정하다
친구나 가족, 동물 등 누구에게나 정이 많은 거예요.

라온오쌤과 마음 읽기

친구가 넘어져서 다쳤을 때 괜찮냐고 물어봐 주는 것, 동생이 울 때 토닥이며 손 잡아 주는 것. 누군가의 기분을 생각하며 친절하고 따뜻하게 행동하는 것이 다정한 마음이에요. 다정한 사람이 되고 싶다면 이렇게 말해요. "내가 도와줄까?", "네가 내 친구라서 좋아.", "천천히 해도 괜찮아."

다리를 다쳤는데
친구가 가방을
들어 줄 때

학교 다녀왔는데
엄마가
꼭 안아줄 때

누나가 울고 있는
내 눈물을
닦아 줄 때

친구 감정 엿보기

2026년 10월 13일   날씨: 공원에 누워 책 읽고 싶은 날

교실에서 친구랑 장난 치다가 발을 삐끗해서 넘어졌다. 순간 발목이 엄청 아팠다. 선생님이 엄마에게 전화를 했다. 엄마가 와서 나를 업고 병원으로 데리고 갔다. 다행히 뼈가 부러지지 않아 붕대만 감고 집에 왔다. 훌쩍이고 있는데 누나가 눈물을 닦아 주며 다정하게 토닥여줬다. 웬일이지.

　　　　　　년　　월　　일　　요일　　날씨 :

나의 감정 표현

나의 초록 지수

◆ 이런 표현도 있어요!

- **상냥하다** : 마음씨나 행동이 싹싹하고 부드럽다.
- **자상하다** : 정이 넘치고 정성이 가득하다.

◆ 내가 쓰는 감정 사전

- 다정하다는 건 _____ .

초록

믿음직하다

나를 안아 주는 아빠의 품처럼
내 모든 것을 맡길 수 있을 듯한 든든한 마음이에요.

라온오쌤과 마음 읽기

누가 나를 지켜 주려고 할 때 그래서 기대고 싶을 때 그 사람을 믿고 싶다는 마음이 들어요. 단 한 사람이라도 그런 사람이 있다면 뭐든 할 수 있을 것 같죠. 누가 믿음직한지 떠올려 보세요. 어떤 부분이 믿음직스러운가요? 반대로 여러분이 누군가의 믿음직한 존재가 되어도 좋아요!

**아빠가
목말 태워 줄 때**

**엄마가
학원에 데려다 줄 때**

**누나가 나 대신
혼나 줄 때**

친구 감정 엿보기

2026년 11월 25일   날씨 : 패딩을 입을 걸 후회되는 날

엄마가 오늘 쉬는 날이었다. 그래서 학원을 데려다 주셨다. 엄마가 마치 내 보디가드가 된 느낌이었다. 차에서 조금 잔소리를 해서 그건 싫었지만 쇼츠를 보고 있어서 자세한 내용은 모른다. 언제나 믿음직한 우리 엄마가 내일도 모레도 회사를 안 가면 좋겠다.

| 년   월   일   요일   날씨 : |

나의 감정 표현

나의 초록 지수

🔷 이런 표현도 있어요!

- **신뢰하다** : 굳게 믿을 수 있고 의지할 수 있는 상태.
- **안정적이다** : 마구 바뀌지 않고 일정한 상태.

🔷 내가 쓰는 감정 사전

- 믿음직하다는 건 _____.

감동받다

다른 사람의 행동이나 말에
마음에 파도가 치듯 크게 움직이는 거예요.

라온오쌤과 마음 읽기

엄마가 사랑한다고 말하면서 꼭 안아 줄 때, 친구가 갑자기 내가 좋아하는 책을 선물해 줬을 때, 마음이 크게 움직이죠. 우리는 이럴 때 감동받았다고 해요. 큰 감동을 받으면 마음이 꽉 차고 따뜻해지면서 눈물이 찔끔 나오기도 해요. 여러분은 언제 감동받았는지 떠올려 보세요.

친구가 책을
선물해 줬을 때

아빠가 사랑한다며
안아 줄 때

엄마가 게임
허락해 줬을 때

친구 감정 엿보기

2026년 11월 30일   날씨: 손발이 차가워지는 날

점심시간에 내가 좋아하는 만화책을 친구에게 보여 줬다. 그런데 갑자기 친구가 자기가 가지고 있던 만화책을 나에게 주겠다고 했다. 내가 너무 좋아하는 책이어서 정말 기뻤다! 친구는 나에게 "네가 좋아할 줄 알고 미리 준비했어."라고 말해 주었다. 그 말을 듣고 마음이 따뜻해졌다. 친구의 마음에 정말 감동받았다. 내 곁에 좋은 친구가 있어서 행복하다.

년   월   일   요일   날씨:

나의 감정 표현

나의 초록 지수

◆ 이런 표현도 있어요!

- **가슴 벅차다** : 기쁨, 희망 따위가 넘쳐 가득한 상태.
- **울컥하다** : 마음이 갑자기 격해져 일어난 상태.

◆ 내가 쓰는 감정 사전

- 감동받는다는 건

초록

느긋하다

서두르지도, 급히 움직이지도 않는 상태나 마음이에요.

라온오쌤과 마음 읽기

하루하루 바쁘게 지내다 보면 느긋하게 무언가를 하기 쉽지 않아요. 하지만 그럴수록 좀 더 여유를 가지면 좋겠어요. 급할수록 돌아가라는 말이 있는 것처럼요. 느긋하게 했던 일은 무엇이 있었나요? 언제 느긋했는지, 기분이 어땠는지 떠올려 보세요.

숙제 다 하고
만화 볼 때

잠들기 전
누워 있을 때

간식 먹으면서
쉴 때

친구 감정 엿보기

2026년 7월 3일   날씨 : 바람이 인사하고 가는 날

우리 가족은 주말 아침을 느긋하게 보낸다. 일단 아침을 늦게 먹는다. 10시 넘어서 아빠가 음식을 간단히 하신다. 그러고 나서 낮까지는 각자 하고 싶은 것을 한다. 나는 잠옷을 입은 채로 집 안을 누비면서 이것저것 한다. 가족들이 좀 정신없다고 하는데, 그래도 그 시간이 너무 좋다. 주말은 내 세상!

| 년　　월　　일　　요일　　날씨 : |

나의 감정 표현

나의 초록 지수

◆ 이런 표현도 있어요!

- **널널하다** : 시간이나 공간 등이 빠듯하지 않고 여유 있는 상태.
- **빈둥거리다** : 아무 일도 하지 않고 게으름을 피우다.

◆ 내가 쓰는 감정 사전

- 느긋하다는 건 　　　　　　　　　　　　　　　　　　　　　　　　．

초록

평화롭다
조용하고 안정된 상태나 마음이에요.

라온오쌤과 마음 읽기

우리 마음이 잔잔한 파도처럼 늘 평화롭다면 참 좋겠죠. 그러려면 내 마음에 많은 생각과 근심들을 잠재워야 해요. 평화를 느끼는 순간, 감사도 느낄지 몰라요. 여러분은 언제 가장 평화롭다고 느끼나요? 그 시간을 차근차근 담아 보세요.

 동생이랑 싸우지 않고 사이좋게 놀고 있을 때

 혼자 공부하는 시간

 가족들 다 자는 밤

친구 감정 엿보기

2026년 12월 7일   날씨 : 눈이 올듯 말듯 감질나는 맛

영어 독서 학원에서 책을 읽었다. 항상 떠드는 아이가 있었는데 오늘 그 아이가 결석을 했다. 갑자기 너무 평화로운 기분이 들었다. 그런데 평소에 조용하던 애가 떠들었다. 아, 평화는 깨지는 것인가 걱정했는데 선생님이 조용히 하라고 해서 조용해졌다. 최고로 집중해서 책을 읽은 날이다.

년   월   일   요일   날씨 :

나의 감정 표현

나의 초록 지수

◆ 이런 표현도 있어요!

- **평온하다** : 조용하고 평안한 상태.
- **조용해지다** : 북받쳤던 마음이 가라앉아 평온한 상태.

◆ 내가 쓰는 감정 사전

- 평화롭다는 건

안심하다

걱정이나 불안이 사라져서 마음이 편안한 것,
'후유~.'하고 숨을 내쉬게 되는 마음이에요.

라온오쌤과 마음 읽기

불안했던 마음이 사라지고 걱정했던 일이 해결되면 마음이 갑자기 놓이고 편안해져요. 그럴 때 비로소 안심하게 되죠. 여러분은 언제 안심이 된다고 느꼈나요? 불안한 마음이 사라지면 다시 편안한 시간이 온다는 것을 잊지 마세요.

 늦을 줄 알았는데 잘 도착해서

 아빠가 일찍 들어오셔서

 혼날 줄 알았는데 안 혼났을 때

친구 감정 엿보기

2026년 12월 15일   날씨 : 편의점에서 호빵 사 먹고 싶은 날

학교 갔다 왔는데 엄마가 없었다. 전화를 했는데 받지 않았다. 톡을 해도 안 보셨다. 너무 걱정이 됐다. 엄마가 어디를 가신 건지 알 수 없었다. 식탁에 간식이 있었는데 안 먹고 기다렸다. 한 시간 지나니까 엄마가 왔다. 할아버지 집에 다녀왔다고 하셨다. 그제야 안심했다.

년   월   일   요일   날씨 :

나의 감정 표현

나의 초록 지수

◆ 이런 표현도 있어요!

- **마음 놓다** : 마음을 편하게 가지다.
- **후련하다** : 답답하고 갑갑했던 것이 풀려 마음이 시원한 상태.

◆ 내가 쓰는 감정 사전

- 안심한다는 건

흐뭇하다

마음이 몽글몽글 좋은 걸로 가득 차서 만족스러운 거예요.

라온오쌤과 마음 읽기

나도 모르게 미소가 지어지는 순간이 있나요? 내가 한 일이나 다른 사람이 한 일을 보고 만족스러웠던 적은요? 이렇게 흐뭇했던 순간이 여러분을 더 행복하게 해요. 흐뭇했던 순간을 떠올리며 웃어 보세요. 그런 여러분을 바라보는 선생님이나 부모님 마음도 흐뭇해질 테니까요.

 연습할수록 잘 해낼 때

 변비였는데 채소 먹고 큰 똥 누었을 때

 방 청소를 깨끗이 했을 때

친구 감정 엿보기

2026년 12월 22일   날씨 : 뜨거운 고구마가 유난히 맛있는 날

그림을 그렸다. 3일이나 걸렸다. 내가 좋아하는 로봇 그림인데 너무 멋졌다. 미술 선생님도, 엄마도 칭찬해 주셨다. 아빠가 보더니 로봇이 걸어서 나올 것 같다고 했다. 그림을 좋아해서 계속 그리다 보니까 잘 그리게 된다. 진짜 흐뭇하다. 인내는 쓰고 결과물은 값지다.

        년   월   일   요일   날씨 :

나의 감정 표현

나의 초록 지수

🔷 이런 표현도 있어요!

- **흐무지다** : 매우 흐뭇한 상태.
- **미소 짓다** : 소리 없이 빙긋 웃게 되는 상태.

🔷 내가 쓰는 감정 사전

- 흐뭇하다는 건 _____.

4장 내 마음 파랑

지루하거나 지칠 때, 우울하거나 절망스러울 때…….
차가운 얼음장같이 마음이 파란색일 때
내 생각과 상태는 어떤지 알아보아요.

파랑

지루하다

어떤 일이 반복되거나 재미없어서 시곗바늘이 달팽이처럼 느껴지는 마음이에요.

라온오쌤과 마음 읽기

참 신기하죠. 시계는 늘 같은 속도로 가는데 빠르게 느껴질 때도 있고 느리게 느껴질 때도 있어요. 하기 싫은 일을 하면 시간이 지루하게 느껴질 수밖에 없어요. 여러분은 어떤 순간이 지루하게 느껴지나요? 지루했던 상황을 떠올려 보고 그럴 땐 상황을 어떻게 할지 생각해 봐요.

 재미없는 책을 읽을 때

 집에서 혼자 심심하게 있을 때

 선생님 말씀이 너무 길 때

친구 감정 엿보기

2027년 6월 15일   날씨 : 우산에게 고마운 날

오늘은 지루한 날이었다. 비가 너무 많이 와서 운동장에 나갈 수 없었다. 점심시간에도 교실에만 있어서 더 지루한 기분이 들었다. 집에 와서도 텔레비전 프로그램이 재미없어서 심심하고 시간이 느리게 가는 것 같았다. 그래도 저녁에 가족과 함께 게임을 해서 기분이 조금 나아졌다.

            년   월   일   요일   날씨 :

나의 감정 표현

나의 파랑 지수

◆ 이런 표현도 있어요!

- **심심하다** : 하는 일이 없어 지루하고 재미 없는 상태.
- **따분하다** : 재미가 없어 지루하고 답답한 상태.

◆ 내가 쓰는 감정 사전

- 지루하다는 건

실망스럽다

기대하거나 바라던 대로 되지 않아서
입이 삐죽 나올 것처럼 마음이 상한 거예요.

라온오쌤과 마음 읽기

용돈을 모아 가지고 싶었던 물건을 샀는데 생각만큼 좋지 않을 때, 기대했던 일이 잘 되지 않을 때 마음이 훅 가라앉아요. 내 자신이, 또는 그런 상황이 너무 실망스럽죠. 하지만 너무 실망하진 말아요. 그런 순간이 있어서 무언가를 다시 기대하고 앞으로 나아가고 싶은 거니까요!

 용돈으로 산 물건이 별로일 때

 친구가 거짓말을 해서

 생일파티에 친구들이 많이 오지 않아서

친구 감정 엿보기

2027년 7월 13일 날씨: 마음처럼 먹구름 낀 하늘

무인 문구점에서 여러 가지 지우개를 샀다. 포장을 뜯으니 음식 지우개와 동물 지우개가 있었다. 동물은 고양이, 강아지, 오리 모양이 있었다. 음식 지우개는 탕후루, 파인애플, 라면 지우개가 있었다. 그런데 생각보다 모양도 별로고 잘 지워지지 않아서 실망스러웠다.

년　　월　　일　　요일　　날씨 :

나의 감정 표현

나의 파랑 지수

◆ 이런 표현도 있어요!

- **아쉽다** : 필요할 때 없거나 모자라서 안타깝고, 만족하지 못한 상태.
- **안타깝다** : 뜻대로 되지 않거나 보기 딱해서 가슴이 아프거나 답답한 상태.

◆ 내가 쓰는 감정 사전

- 실망스럽다는 건 _____.

찝찝하다

불쾌하거나 마음에 걸리는 것이 있어서
자꾸 신경 쓰이는 마음이에요.

라온오쌤과 마음 읽기

냉장고에서 빵을 꺼내 한 입 베어 먹었는데 맛이 이상해서 보니 유통기한이 지난 거 있죠! 다행히 아무 일은 없었지만 괜히 배가 아픈 것 같기도 하고 자꾸 그 일이 생각난다면, 맞아요! 찝찝한 거예요. 여러분은 언제 마음이 찝찝했나요?

 거짓말을 해서

 어떤 일을 끝내지 않아서

 무언가 빠뜨린 것 같아서

친구 감정 엿보기

2027년 8월 21일   날씨 : 바람이 뜨거워 도망가고 싶은 날

학원 끝나고 친구와 집에 오는데 수찬이가 내 욕을 했다는 얘기를 들었다. 학급 회의에서 내가 낸 의견이 마음에 들지 않았단다. 나한테 말했으면 설명해 주었을 텐데…… 그 얘기를 들으니 뭔가 찝찝했다. 내일 어떡하지? 모른 척할까? 따져 볼까? 잠이 안 온다.

　　　　년　　　월　　　일　　　요일　　　날씨 :

나의 감정 표현

나의 파랑 지수

◆ 이런 표현도 있어요!

- **꺼림칙하다** : 마음에 걸리는 것이 있어서 불편하고 개운하지 않음.
- **답답하다** : 바라는 대로 일이 잘 되지 않거나 마음이 쪼그라들어 갑갑한 상태.

◆ 내가 쓰는 감정 사전

- 찝찝하다는 건 _____ .

우울하다

기분이 바다 깊은 곳처럼 어둡고 답답해서
아무것도 하기 싫은 마음이에요.

라온오쌤과 마음 읽기

왠지 내 옆에 아무도 없는 것 같을 때, 나 혼자만 아무것도 못하는 것처럼 느껴질 때 마음이 깊은 바다처럼 가라앉아요. 하지만 우울한 마음이 들면, 한편으로는 차분해지기도 하니까 너무 슬퍼하지만 말고 우울한 마음을 도닥여 주세요.

비를 맞아서   비교 당해서   아무도 나에게
관심이 없어서

친구 감정 엿보기

2027년 8월 30일   날씨 : 가만 누워서 있고 싶은 날

오늘은 우울한 날이었다. 아침에 비가 왔는데 하교할 때 보니 우산이 없어져서 옷이 젖었다. 친구와 약속을 잊어버려 혼자 점심을 먹었다. 수업 시간에 집중하지 못해서 선생님께 혼났다. 집에 와서 엄마가 만들어 준 간식을 먹고 기분이 나아졌다. 내일은 기분 좋은 날이 되면 좋겠다.

년   월   일   요일   날씨 :

나의 감정 표현

나의 파랑 지수

◆ 이런 표현도 있어요!

- **침울하다** : 기분이 우울하고 기운이 없는 상태.
- **울적하다** : 마음이 답답하고 쓸쓸한 상태.

◆ 내가 쓰는 감정 사전

- 우울하다는 건 _____.

피곤하다

힘이 다 빠져서 몸과 마음이 지친 거예요.

라온오쌤과 마음 읽기

어린이도 피곤할 때가 있어요. 가야 할 학원이 너무 많아서 그럴 수도 있고, 친구 관계 때문에 피곤할 수 있어요. 그럴 때 가장 좋은 것은 아무 생각 없이 푹 쉬는 거랍니다. 그렇게 다시 기운을 차리면 또 움직일 수 있어요. 너무 피곤해지지 않도록 균형을 맞추며 지내요.

 여행 다녀와서

동생이 계속 말을 걸거나 방해할 때

 숙제하느라

친구 감정 엿보기

2027년 9월 3일   날씨 : 밤에도 더워서 잠이 안 오는 날

나는 금요일이 싫다. 금요일은 일단 학교를 마치고 논술 학원으로 바로 가야 한다. 거기까지는 괜찮은데 끝나면 영어 학원에 가야 한다. 집에 와서 밥을 먹고 가장 가기 싫은 수학 학원에 간다. 우리 수학 학원은 한 문제라도 틀리면 보내 주지 않아서 8시까지 할 때가 많다. 너무 피곤하고 힘든 금요일이다.

　　　　　　　년　　월　　일　　요일　　날씨 :

나의 감정 표현

나의 파랑 지수

🔵 이런 표현도 있어요!

- **지치다** : 계속된 활동이나 어떤 일에 시달려서 힘이 빠진 상태.
- **힘들다** : 몸이나 마음이 쓰이고 힘겨운 상태.

🔵 내가 쓰는 감정 사전

- 피곤하다는 건 _____ .

시무룩하다

기분이 좋지 않아서 아무 말도 하고 싶지 않은 마음이에요.

라온오쌤과 마음 읽기

무언가 마음에 들지 않을 때, 어린이날 블록 장난감을 사 달라고 했는데 안 된다고 하면 괜히 시무룩하죠? 하지만 시간이 조금 지나면 나아질 거예요. 이런 감정이 생기는 건 나쁜 게 아니에요. 그럴 수 있어요. 그 순간이 지나길 조금 기다려 보세요. 웃을 일도 오니까요.

 외식한다고 했다가 취소돼서

 친구들이 나만 안 끼워 주었을 때

 아빠가 일찍 온다고 했는데 늦게 와서

친구 감정 엿보기

2027년 9월 11일 날씨: 강아지도 더워서 헥헥대는 날

우리 아빠는 맨날 바쁘다. 주말에도 가끔 출근하시는데, 이번 주는 회사에 안 간다고 하셔서 외식하기로 했다. 그런데 갑자기 일이 생겼다고 해서 외식이 취소됐다. 시무룩하게 있으니 엄마가 피자를 시켜 준다고 해서 기분이 조금 나아졌다. 아빠가 나랑고 시간을 보내 주면 좋겠다.

　　　　　　년　　　월　　　일　　요일　　날씨 :

나의 감정 표현

나의 파랑 지수

🔹 이런 표현도 있어요!

- **의기소침하다** : 기운이 없어서 풀이 죽은 상태.
- **토라지다** : 마음에 들지 않아 마음이 싹 돌아선 상태.

🔹 내가 쓰는 감정 사전

- 시무룩하다는 건 _____.

슬프다

너무 힘든 일을 겪거나 봐서
마음 한 곳을 콕콕 찌르듯 아프고 괴로운 기분이에요.

라온오쌤과 마음 읽기

슬픔이 가슴속에 깊이 박힐 때가 있어요. 아무것도 하고 싶지 않고 세상에 홀로 있는 기분이 들기도 해요. 그럴 땐 슬픔을 억지로 이겨 내려고 하지 않아도 돼요. 슬프다는 건, 여러분이 무언가를 깊이 사랑했고 또 원하는 것이 있다는 뜻일 테니까요.

 노력했는데 아무도 알아주지 않을 때

 소중한 물건을 잃어버렸을 때

 비가 와서 여행이 취소됐을 때

친구 감정 엿보기

2027년 9월 22일 날씨: 거리의 사람들이 지쳐 보이는 날

학원에서 하는 영어 말하기 대회를 위해 열심히 연습했다. 자기 전에도 영어를 듣고 잘 정도였다. 그런데 막상 대회 날 너무 떨려서 두세 번 실수했다. 그런데 선생님이 연습 열심히 안 했냐고 물어봐서 정말 슬펐다. 게다가 아빠가 사 준 비싼 스마트폰도 잃어버렸다. 인생 최고 슬픈 날 같다.

년   월   일   요일   날씨 :

나의 감정 표현

나의 파랑 지수

◆ 이런 표현도 있어요!

- **슬픔에 잠기다** : 깊은 슬픔을 느끼는 상태.
- **마음이 아프다** : 일이 뜻대로 되지 않거나, 다른 사람에게 상처받아 슬픈 상태.

◆ 내가 쓰는 감정 사전

- 슬프다는 건 _____ .

싫증나다

어떤 일이 하기 싫어져서
나도 모르게 몸을 비비 꼬게 되는 마음이에요.

라온오쌤과 마음 읽기

날마다 해도 좋은 일이 있지만, 어떤 일은 조금만 해도 금세 하기 싫어져요. 나도 모르게 몸을 비비 꼬고 빨리 벗어나고 싶은 마음이 들죠. 여러분을 싫증나게 하는 일은 무엇인가요? 그럴 때 어떡했나요? 싫증났던 일을 잘 마치는 방법도 생각해 보세요.

 날마다 한 가지 게임만 해서

 같은 반찬을 계속 먹어서

 하기 싫은 일을 할 때

친구 감정 엿보기

2027년 9월 23일   날씨 : 가을 냄새가 조금 나는 날

학교에서 계속 같은 문제를 풀고, 점심시간에도 아침에 먹었던 음식을 먹어서 싫증났다. 집에 와서도 같은 게임만 하다 보니 하루 종일 싫증났다. 그래도 엄마가 저녁에 새로운 게임을 허락해 주셔서 기분이 조금 나아졌다. 역시 게임이 최고다.

년　　　월　　　일　　　요일　　　날씨 :

나의 감정 표현

나의 파랑 지수

🔷 이런 표현도 있어요!

- **물리다** : 다시 대하기 싫을 만큼 싫증이 나서 피하고 싶은 상태.
- **질리다** : 어떤 일이나 음식에 싫증이 난 상태.

🔷 내가 쓰는 감정 사전

- 싫증난다는 건 _____.

파랑

지치다

노력을 너무 많이 하거나
어떤 일에 몸과 마음이 축 처진 상태예요.

라온오쌤과 마음 읽기

학교와 학원 수업을 마친 뒤 놀이터에서 신나게 놀고, 축구도 하고, 친구랑 술래잡기까지! 처음에는 재밌지만 나중에는 다리도 무겁고 숨이 차요. 몸이 지쳤다는 신호예요. 유튜브를 너무 오래 보거나 생각을 많이 하면 마음이 지칠 수도 있고요. 그럴 땐 잠깐 쉬어 가요.

 학원 많이 가는 날

 축구를 하고 나서

 앵무새 똥 치우고 나면

친구 감정 엿보기

2027년 9월 27일   날씨 : 비가 주룩주룩

축구하는데 갑자기 비가 내렸다. 처음엔 보슬보슬 내렸는데 갈수록 많이 와서 찝찝했다. 공을 차며 달리는데 내 몸도 무거운 느낌이었다. 다 하고 나니까 너무 지쳤다. 그래도 우리 팀이 이겨서 기분이 좋았다. 엄마는 옷을 빨아야 한다고 좋아하지 않았다. 집안일에 지치신 것 같다. 아빠한테 빨아 달라고 해야지.

｜　　년　　　월　　　일　　　요일　　　날씨 :

나의 감정 표현

나의 파랑 지수

◆ 이런 표현도 있어요!

- **무기력하다** : 어떤 일을 감당할 수 있는 기운과 힘이 없는 상태.
- **의욕이 떨어지다** : 무엇을 하고자 하는 적극적인 마음이 줄어든 상태.

◆ 내가 쓰는 감정 사전

- 지친다는 건 _____ .

속상하다

화나거나 걱정스러워서 마음이 불편하고 조금 우울한 거예요.

라온오쌤과 마음 읽기

게임에서 졌을 때, 친구랑 놀기로 했는데 갑자기 약속을 지키지 않았을 때, 엄마한테 혼날 때……. 마음이 울적하고 눈물이 나올 것만 같아요. 가슴이 답답하기도 하고요. 이렇게 속상할 땐, 속상한 마음을 말로 표현해요. 아니면 혼자만의 시간을 갖고 숨을 크게 쉰 다음 마음을 가라앉혀요.

게임에서
졌을 때

엄마한테
혼났을 때

누나랑
싸웠을 때

친구 감정 엿보기

2027년 9월 29일 날씨 : 소풍 가고 싶을 만큼 화창한 날

브롤스타즈라는 게임을 했다. 처음부터 엄청 열심히 했다. 그런데 우리 팀이 자꾸 말려드는 기분이 들었다. 결국 지고 말았다. 너무 속상했다. 하지만 게임은 또 할 수 있으니까 내일 이기면 된다. 브롤스타즈를 날마다 하고 싶다.

　　　　　　년　　월　　일　　요일　　날씨 :

나의 감정 표현

나의 파랑 지수

◆ 이런 표현도 있어요!

- **서운하다** : 아쉽거나 섭섭한 느낌이 드는 상태.
- **서럽다** : 마음이 아플 만큼 슬픈 상태.

◆ 내가 쓰는 감정 사전

- 속상하다는 건 _____.

외롭다

혼자라고 생각될 때,
기댈 곳이 없어서 쓸쓸할 때 느끼는 마음이에요.

라온오쌤과 마음 읽기

혼자 있을 때도 외로울 수 있지만 누군가와 같이 있어도 외로울 수 있어요. 외로움은 내가 느끼는 마음 상태니까요. 외로울수록 나 자신과 이야기를 해 보세요. 외롭지 않을 땐 몰랐던 순간도 때로는 소중하거든요. 나를 더 알아가는 시간이라고 생각하면 외로움하고도 사이좋게 지낼 수 있어요.

 친한 친구가 결석했을 때

 부모님께 혼났을 때

 집에 혼자 있을 때

친구 감정 엿보기

2027년 10월 24일 날씨 : 바람을 맞으며 누워 있고 싶은 날

저녁을 먹는데 자꾸 흘리니까 엄마가 뭐라고 했다. 오늘따라 팔에 힘이 없어서 그런 건데 이해를 못 해 주니까 서운했다. 그런데 갑자기 아빠까지 이제 열 살이니까 흘리지 말라고 했다. 갑자기 외롭다고 느껴졌다. 가족이 나를 이해하지 못하니까 말이다. 방에 들어가서 혼자 책을 읽었다.

        년   월   일   요일   날씨 :

나의 감정 표현

나의 파랑 지수

◆ 이런 표현도 있어요!

- **쓸쓸하다** : 외로워서 마음이 허전한 상태.
- **허전하다** : 무엇을 잃었거나 의지할 곳이 없어져 서운한 느낌이 있다.

◆ 내가 쓰는 감정 사전

- 외롭다는 건

절망하다

상황이 매우 나쁘고 희망이 없어 보여
희망이 없는 것처럼 느껴지는 마음이에요.

라온오쌤과 마음 읽기

친한 친구가 전학가게 되었을 때, 피구 시합하는데 상대 팀이 너무 잘할 것 같을 때……. 너무 속상한 나머지 앞으로는 좋은 일이 전혀 생기지 않을 것처럼 느껴질 때가 있어요. 이렇게 마음속 희망이 다 사라지면 절망하게 되지만 그게 끝이 아니에요. 희망은 언제든 다시 찾아온답니다.

- 나보다 다른 친구가 더 잘할 때
- 친한 친구가 전학갈 때
- 반려동물이 하늘나라로 떠났을 때

친구 감정 엿보기

2027년 11월 16일   날씨 : 구름이 아주 조금 고개를 내민 날

학교에서 피구를 했다. 가위바위보로 팀을 짰는데 상대편에 잘하는 아이들이 다 갔다. 너무 절망스러웠다. 하지만 포기하지 않고 열심히 했다. 첫 경기는 우리 팀이 이겼고 두 번째 경기는 상대 팀이 이겼다. 나는 첫 번째로 아웃이 되어서 실망스러웠다. 그래도 나름 잘 해낸 것 같다.

년   월   일   요일   날씨 :

나의 감정 표현

나의 파랑 지수

◆ 이런 표현도 있어요!

- **망연자실하다** : 멍하니 정신을 잃은 상태.
- **허탈하다** : 희망이나 가망이 없는 상태.

◆ 내가 쓰는 감정 사전

- 절망한다는 건 _____ .

감정 그림 일기

◯ 오늘 하루 느낀 노란 감정에 표시해 보세요.

놀라다	기대하다	신나다	재미있다
만족스럽다	활발하다	뿌듯하다	짜릿하다
기쁘다	설레다	행복하다	자신 있다

◯ 왜 그런 감정이 생겼는지 그림과 글로 표현해 보세요.

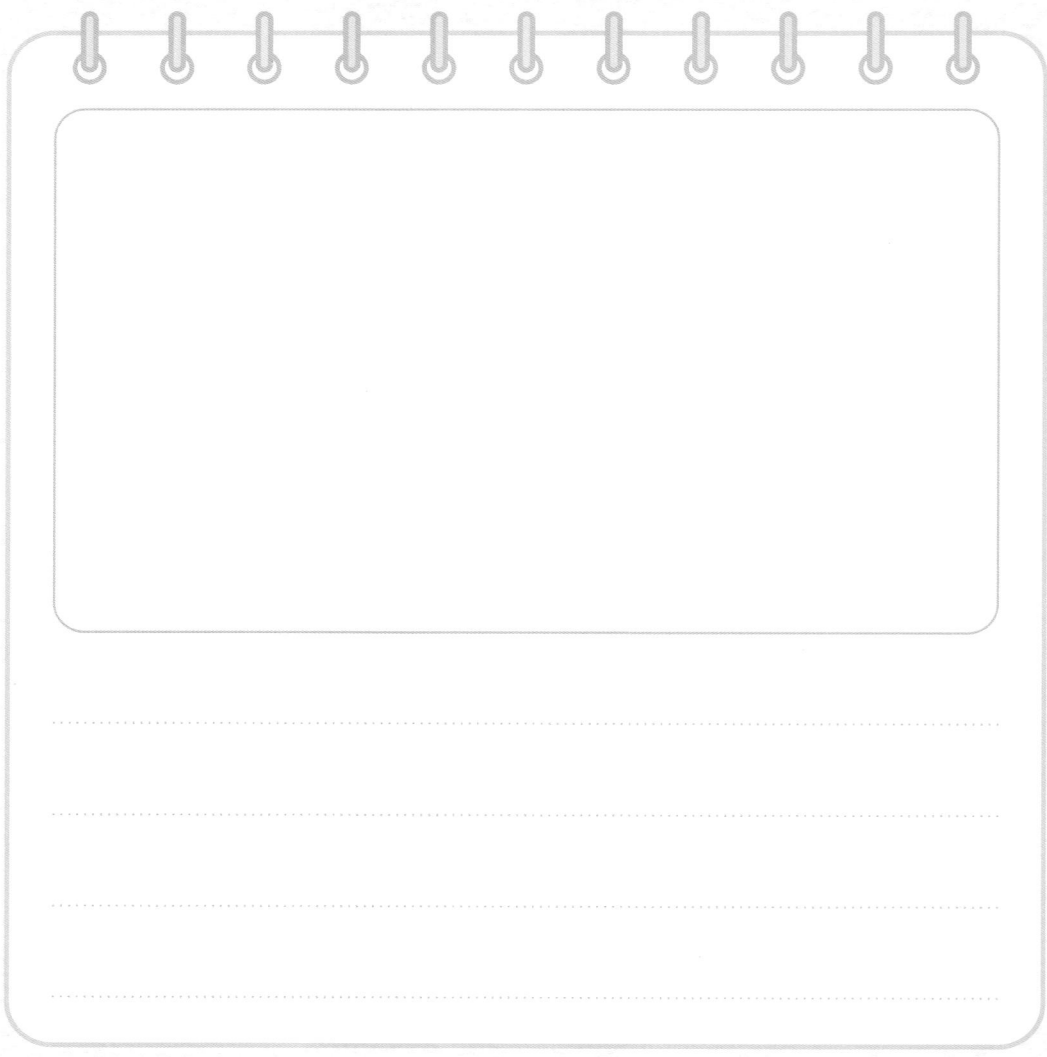

◆ 오늘 하루 느낀 초록 감정에 표시해 보세요.

여유롭다	편안하다	걱정 없다	감사하다
한가하다	다정하다	믿음직하다	감동받다
느긋하다	평화롭다	안심하다	흐뭇하다

◆ 왜 그런 감정이 생겼는지 그림과 글로 표현해 보세요.

◆ 오늘 하루 느낀 빨간 감정에 표시해 보세요.

충격받다	초조하다	화나다	분노하다
안절부절못하다	좌절하다	스트레스받다	불안하다
마음이 불편하다	걱정하다	골치가 아프다	불쾌하다

◆ 왜 그런 감정이 생겼는지 그림과 글로 표현해 보세요.

◆ 오늘 하루 느낀 파란 감정에 표시해 보세요.

지루하다	실망스럽다	찝찝하다	우울하다
피곤하다	시무룩하다	슬프다	싫증나다
지치다	속상하다	외롭다	절망하다

◆ 왜 그런 감정이 생겼는지 그림과 글로 표현해 보세요.

초판 1쇄 발행 2025년 8월 1일

지은이 오현선
펴낸이 김영조
편집 김시연, 진나경, 최희윤 | **디자인** 정지연 | **마케팅** 김민수, 강지현 | **제작** 김경묵
경영지원 정은진 | **외부디자인** 디자인 레브 | **표지 일러스트** 따스히
펴낸곳 싸이클 | **주소** 서울시 마포구 양화로 7길 44, 3층
전화 (02)335-0385 | **팩스** (02)335-0397
이메일 cypressbook1@naver.com | **홈페이지** www.cypressbook.co.kr
블로그 blog.naver.com/cypressbook1 | **포스트** post.naver.com/cypressbook1
인스타그램 싸이프레스 @cypress_book | 싸이클 @cycle_book
출판등록 2009년 11월 3일 제2010-000105호

ISBN 979-11-6032-253-8   73700

- 이 책은 저작권법에 따라 보호를 받는 저작물이므로 무단 전재 및 무단 복제를 금합니다.
- 책값은 뒤표지에 있습니다.
- 파본은 구입하신 곳에서 교환해 드립니다.
- 싸이프레스는 여러분의 소중한 원고를 기다립니다.

싸이클은 싸이프레스의 어린이 도서 브랜드입니다.